T0327183

Interiors for Singles

New Trends

Interiors for Singles

New Trends

monsa

INTERIORS FOR SINGLES. NEW TRENDS
Copyright © 2014 Instituto Monsa de ediciones

Editor, concept, and project director
Josep María Minguet

Design and layout
Patricia Martínez (equipo editorial Monsa)

INSTITUTO MONSA DE EDICIONES
Gravina 43 (08930)
Sant Adrià de Besòs
Barcelona (Spain)
Tlf. +34 93 381 00 50
Fax.+34 93 381 00 93
www.monsa.com
monsa@monsa.com

Visit our official online store!
www.monsashop.com

Follow us on facebook!
facebook.com/monsashop

ISBN: 978-84-15829-77-5
D.L. B 22666-2014
Printed by Cachimán Grafic

INTRODUCTION

The apartment is a refuge for city dwellers. Due to the population growth in cities around the world, together with the rising number of single-parent households, apartments now represent an indispensable form of housing. With the help of some interior design know-how we can transform these spaces into unique habitable living space, combining contemporary looks with practical designs for day to day living.

This book features a selection of apartment interiors, all up-to-the-minute designs, sources of inspiration just as much for owners as architects and interior designers looking for new ideas to design, update and revolutionize décor.

We can see how the interior architecture, furniture designs, the choice of materials carefully selected by and for the owner, the finishes, the accessories skilfully and effortlessly combined to complement the décor, as well as the use of lighting and the ceiling heights, are all transformed to create comfortable living spaces, a source of pleasure, depicting a permanently appealing and youthful lifestyle, each and every one twinned with individual tastes.

You'll find a wide variety of design solutions in our book, all adaptable to various types of accommodation, from tiny studios a spacious loft apartments.

El apartamento es el refugio de todo urbanita. En todas las ciudades del mundo el crecimiento de la población, así como el aumento de hogares monoparentales, confiere al apartamento una gran importancia como tipología de vivienda. Unos conocimientos de interiorismo puede ayudarnos a transformar estos espacios en lugares únicos, de diseño contemporáneo a la vez que prácticos para el día a día.

Este libro presenta una selección de interiores de apartamentos, todos ellos realizados según las últimas tendencias en diseño, que pueden servir como fuente de inspiración tanto para el propietario como para el arquitecto o interiorista que buscan ideas para proyectar o mejorar e innovar la decoración de los mismos.

Veremos como la arquitectura interior, el diseño del mobiliario, la selección de los materiales escogidos con cuidado por y para el propietario, los acabados, y los accesorios que complementan la decoración combinados con sencillez y habilidad, así como el tratamiento de la luz y las alturas de los techos, se materializan en espacios cómodos que llaman al disfrute, deleitándose en un estilo de vida siempre joven y atractivo que combina con el gusto personal de cada uno.

Presentamos una amplia variedad de soluciones de diseño que se adaptan a diferentes tipos de espacios: desde un pequeño estudio hasta un apartamento estilo *loft*.

SMALL APARTMENT IN BORN DISTRICT

Barbara Appolloni
Barcelona, Spain
© Christian Schallert

538 sq ft | 50 m²

Located in the cosmopolitan Born district, the transformation of such a small apartment into a flexible and liveable space is a demonstration of the architect's expertise. The intelligent distribution of furniture and spaces permits overlapping uses. The remodelling extends as far as the terraces, which function as an extension of the home.

Situado en el cosmopolita barrio del Born, este piso es una muestra de la pericia del arquitecto para transformar algo tan pequeño en un espacio elástico y habitable. La inteligente distribución de muebles y espacios permite solapar sus usos. La reforma llega hasta las terrazas, que funcionan como una prolongación de la vivienda.

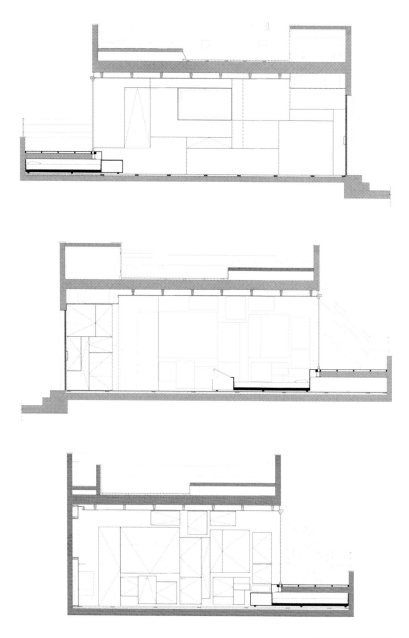

Longitudinal sections

The combination of convertible built-in furniture and
accessories transforms this bed into a sofa and the
table embedded in the wall into a desk.

La combinación de muebles convertibles y accesorios
empotrados transforma esta cama en un sofá y la tabla
incrustada en la pared, en un estudio.

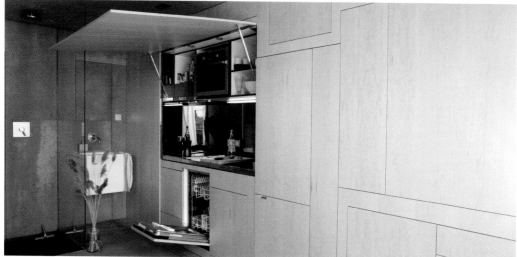

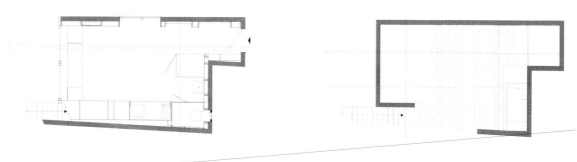

Apartment floor plan

Upper terrace floor plan

SINGLE APARTMENT LARCO

Oneto / Sousa Arquitectura Interior
Lima, Peru
© Vinicius Barros

506 sq ft | 47 m²

The remodelling was authorized by the owner of this apartment. The kitchen occupies the middle of the first floor and is the linchpin around which the living room, the lounge and toilet all gravitate. The high ceilings, bare plaster and concrete walls give the space an airy and contemporary feel.

El propietario de este apartamento es quien firma su reforma. La cocina ocupa el centro de la primera planta y es su piedra angular, alrededor de la cual gravitan la sala de estar, el salón y el aseo. Los techos altos y las paredes desnudas, enyesadas o de hormigón, confieren al espacio amplitud y modernidad.

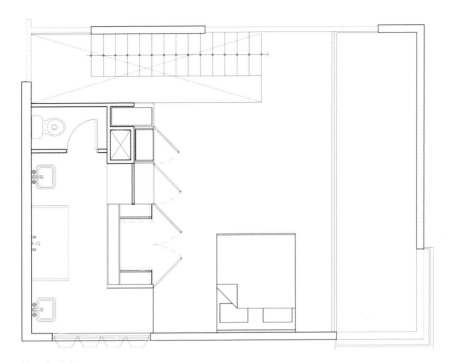

Upper level plan

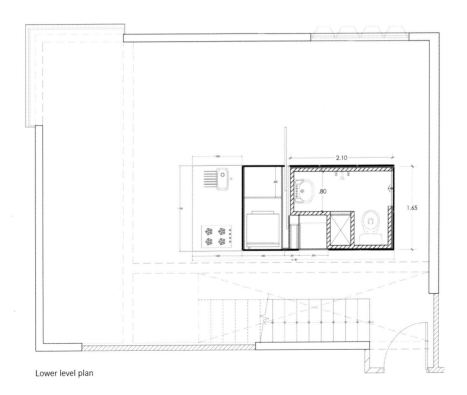

Lower level plan

The available height permitted here the creation of a loft space to accommodate the main bedroom and bathroom, which face towards the large window on the lower level.

La altura disponible permite crear un altillo descubierto que aloja el dormitorio y el baño principal, encarado hacia el ventanal del nivel inferior.

TSD2

Marià Castelló Martínez
Ibiza, Spain
© Estudi EPDSE

The aim of this apartment renovation was to convert rational seventies architecture into wide-open, minimalist spaces. The budget was tight. Furniture was stripped back to the essentials. The walls that separated the hall, kitchen and dining room were torn down and some of the finishes were changed. It was enough. As Mies van der Rohe said: less is more.

La reforma de este piso pretendía convertir la arquitectura racional de los años setenta a los espacios diáfanos del minimalismo. El presupuesto era ajustado. Se quitó mobiliario hasta dejar lo indispensable. Se tiraron abajo las paredes que separaban vestíbulo, cocina y comedor, y se cambiaron algunos materiales. Fue suficiente. Mies van der Rohe ya lo dejó dicho: menos es más.

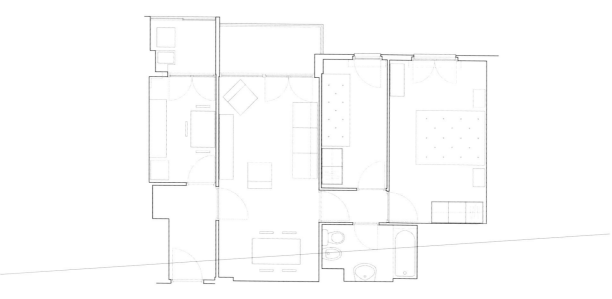

Floor plan before the remodel

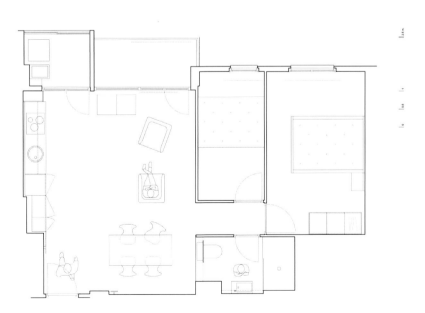

Floor plan after the remodel

«The old furniture bore loyal testimony to when the apartment was built», say the architects. Furniture firmly anchors a house in time. Change is visceral.

«El mobiliario anterior», señala el estudio, «era un fiel testigo de cuándo se construyó el piso». Nada se ancla tanto al tiempo como un mueble. El cambio es visceral.

3D APARTMENT

Héctor Ruiz Velázquez
Madrid, Spain
© Pedro Martínez (fotoarquitectura.es)

538 sq ft | 50 m²

This apartment, in collaboration with ASCER (Spanish Association of Tile Manufacturers), has benefitted from combining a pioneering use of ceramics with novel spatial distribution. The design assigns domestic functions to different levels and allows space to be maximized in every direction.

Este apartamento, realizado en colaboración con ASCER (Asociación Española de Fabricantes de Azulejos), tiene la virtud de aunar un pionero uso de la cerámica y una novedosa distribución espacial. El diseño reparte las funciones domésticas en distintos niveles y permite aprovechar el espacio en todas sus direcciones.

The different interconnected levels of this apartment make way for recesses and protrusions that function as storage units.

Interconectados, los distintos niveles de este aparta-mento dan lugar a un juego de huecos y salientes que funcionan como módulos de almacenaje.

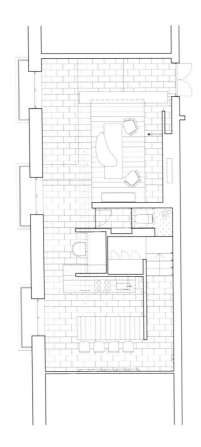

Lower level plan

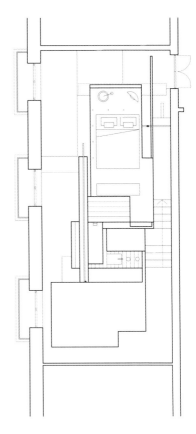

Upper level plan

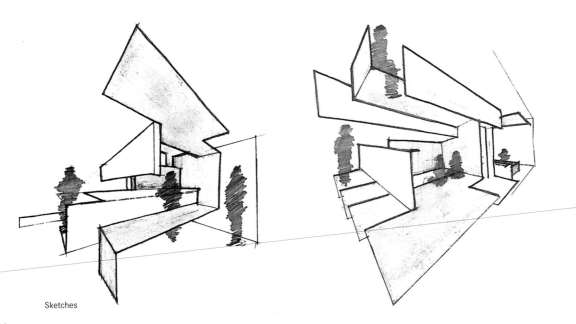

Sketches

MINI HOUSE

Francesc Rifé
Sant Sadurní d'Anoia, Spain
© Francesc Rifé

635 sq ft | 59 m²

The refurbishment of this dwelling, located in a small town about an hour from Barcelona, had to address its main shortcomings: a lack of natural light and the obstruction of spaces. The intervention, which did not involve structural changes, shows how lighting and materials can alter spatial perception.

La reforma de esta vivienda situada en un pequeño pueblo a una hora de Barcelona debía corregir sus principales carencias: la falta de luz natural y la oclusión de sus espacios. La intervención, que no conllevó modificaciones estructurales, demuestra hasta qué punto la iluminación y los materiales modifican la percepción espacial.

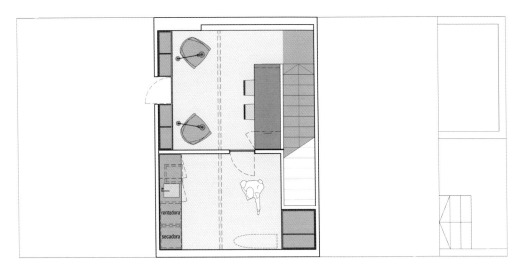

Third floor plan

Second floor plan

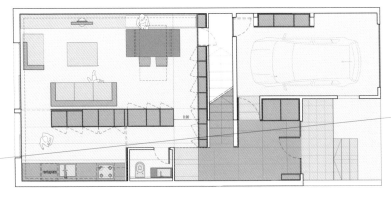

Ground floor plan

These light walls and floors lessen the effect of the lack of space. The pistachio and black of the furniture counteracts the overwhelming presence of white.

Las paredes y suelos claros mitigan la falta de espacio. El pistacho y el negro del mobiliario contrarrestan la abrumadora presencia del blanco.

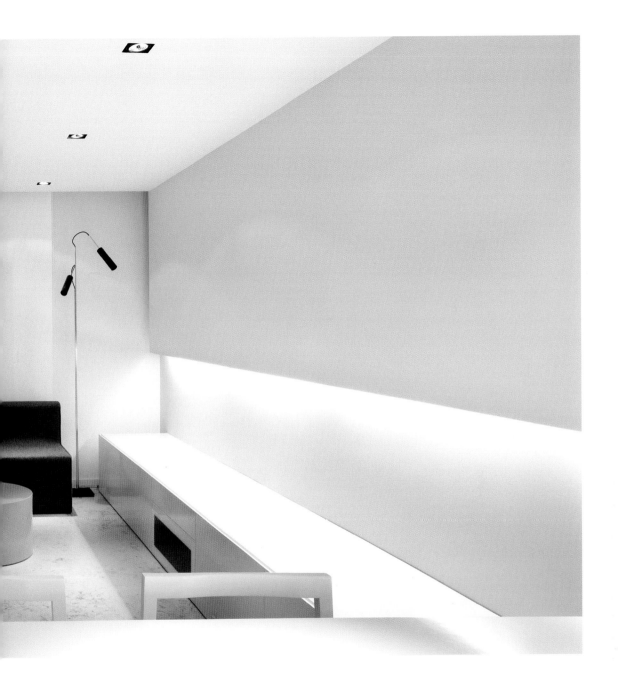

Hidden in the floor, the ceilings and behind the furniture, countless spotlights highlight the profiles of furniture and rooms.

Ocultos en el suelo, los techos y tras el mobiliario, infinidad de puntos de luz subrayan la volumetría de los muebles y las estancias.

JEHONA

Vehap Shehi / VSA concept
Brussels, Belgium
© Vehap Shehi

592 sq ft | 55 m²

This apartment is situated near the city centre, in a typical Belgian building. To ventilate it, a wall was removed to create an open space occupied by the kitchen, living room and lounge. A palette of greys provides the chromatic thread that unifies the spaces.

El apartamento se emplaza cerca del centro de la ciudad, en una típica construcción belga. Para oxigenarlo, se resolvió echar abajo la pared que lo atravesaba y crear así un espacio diáfano ocupado por la cocina, la sala de estar y el salón. Una gama de grises actúa como hilo cromático que unifica los espacios.

Recessed custom built furniture occupies the upper half of this wall, leaving room for the chaise longue.

Un mueble a medida empotrado ocupa la mitad superior de la pared y deja sitio a la chaise longue.

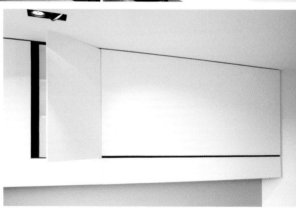

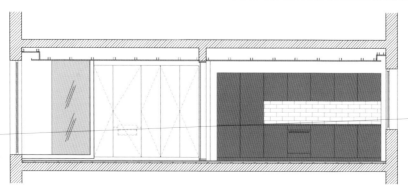

Longitudinal section

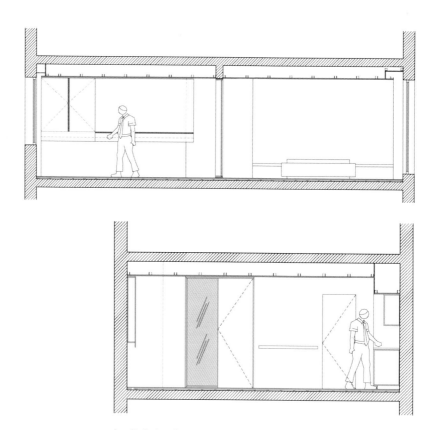

Longitudinal sections

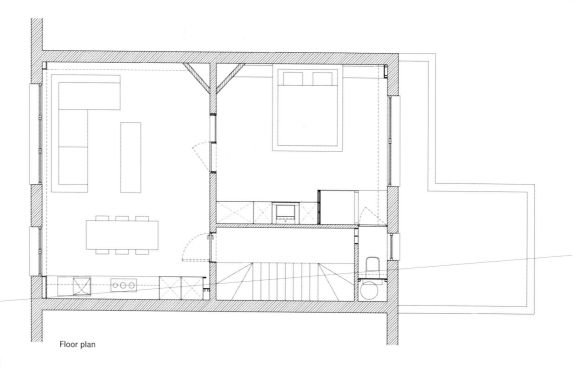

Floor plan

APARTMENT IN CHAMBERÍ

DEDENTRO (Decoration by Diana Díaz-Berrio Ibáñez)
Madrid, Spain
© Germán Sainz, DEDENTRO

538 sq ft | 50 m²

This apartment belongs to an agency that wanted to refurbish it before renting it out. This meant that the decoration needed to be timeless and able to satisfy any potential tenant. The result is a pact between pragmatism and aesthetics: classic and adaptable furniture that makes the most of light and space.

El apartamento pertenece a una agencia que deseaba reformarlo para alquilarlo. Por tanto, la decoración debía ser atemporal y capaz de satisfacer a cualquier potencial inquilino. El resultado es un pacto entre pragmatismo y estética: muebles clásicos y adaptables capaces de obtener el máximo rendimiento de la luz y el espacio.

The decorator Diana Díaz-Berrio studied various spatial configurations and considered several styles before making her decision.

La decoradora, Diana Díaz-Berrio, estudió varias configuraciones espaciales y tomó en cuenta distintos estilos y acabados antes de decidirse por uno.

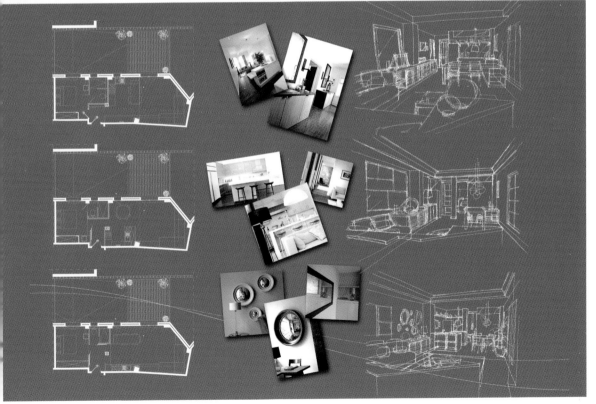

Floor plan and sketches

DUBROVSKA

Za_Bor Architects
Moscow, Russia
© Peter Zaytsev

In this apartment, the bedroom is separated from the rest of the dwelling by a sliding door that defines the boundary between the private and public zones. Tailor-made pieces of furniture, such as the kitchen worktop, were used even though the budget was limited. The decorative feature over the head of the bed represents the couple who own it.

En este apartamento, el dormitorio se separa del resto de la vivienda por medio de una puerta corredera que traza el límite entre la zona privada y la pública. A pesar del ajustado presupuesto con el que contaba el arquitecto, se introdujeron piezas de mobiliario diseñadas a medida, como el mostrador de la cocina. El elemento decorativo sobre el cabezal de la cama representa a la pareja de propietarios.

APARTMENT IN ITAIM

FGMF – Forte, Gimenes & Marcondes Ferraz Arquitectos
São Paulo, Brazil
© Fran Parente

This loft was previously an ordinary apartment. The remodelling required the demolition of interior walls that were considered superfluous and bulky; these prevented enjoyment of the two great qualities of the dwelling: double-height ceilings and large windows. The shelving covers the entire lounge wall, giving a sensation of continuity and visually expanding the space.

Este *loft* era antes un común apartamento. La reforma supuso la demolición de las paredes interiores, que se consideraban superfluas y aparatosas y no permitían disfrutar de las dos grandes cualidades de la vivienda: la doble altura de los techos y los ventanales. La estantería cubre la pared del salón por entero, proporciona una sensación de continuidad y amplía visualmente el espacio.

1. Hall	1. Vestíbulo
2. Kitchen	2. Cocina
3. Toilet	3. Aseo
4. Living room	4. Sala de estar
5. Master bedroom	5. Dormitorio principal
6. Bedroom	6. Dormitorio
7. Maid's room	7. Cuarto de servicio
8. Maid's bath	8. Baño de servicio
9. Service area	9. Área de servicio
10. Bathroom	10. Baño

Floor plan

LOFT APARTMENT IN CALLE ATOCHA

Beriot, Bernardini Arquitectos
Madrid, Spain
© Yen Chen

1345.5 sq ft | 125 m²

125m² loft conversion transforming one of Madrid's few remaining early 20th century art studios into a spacious apartment. Defined as a basic intervention in order to retain the qualities of the original space, whilst adapting it to the standards of comfort required of its new use. The old steel girders and roof timbers have been restored, overlaid with thermal insulation and zinc cladding; the plaster is removed from main dividing wall to reveal the texture of the rich reddy-orange brickwork.
On the south facing side, part of the sloping roof on top of the adjacent main building has been removed to create an outside terrace which, accessed by large sliding patio doors, provides extra living space and exterior views.

Se propone la adaptación para su conversión en vivienda loft de 125m² de uno de los escasos talleres de artista de principios del siglo XX existentes en Madrid. Se define como planteamiento básico de la intervención conservar las cualidades del espacio original, acondicionándolo para ofrecer una comodidad adecuada a su nuevo uso. Se recuperan las antiguas cerchas metálicas y ripias de madera existentes, disponiendo sobre ellas aislamiento térmico y una cubierta de zinc a junta alzada; el amplio muro medianero se pica para descubrir la textura del ladrillo, de un intenso tono anaranjado.
En el lado sur, la supresión de la cubierta a dos aguas de la coronación del cuerpo de edificación colindante permite crear una terraza que proporciona un paisaje exterior controlado hacia el que se expande la vivienda a través de una puerta corredera de generosas proporciones.

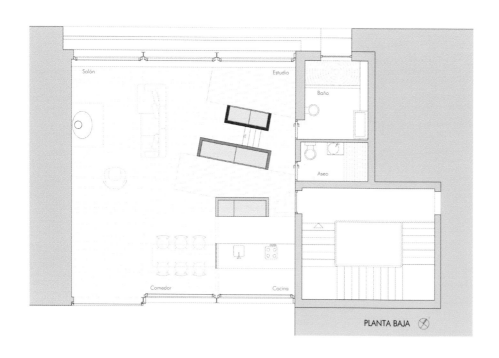

Ground floor

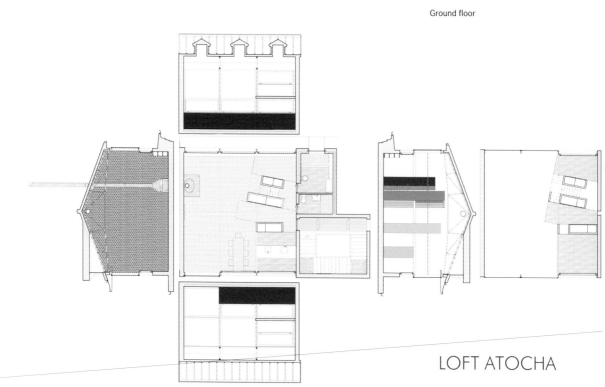

LOFT ATOCHA

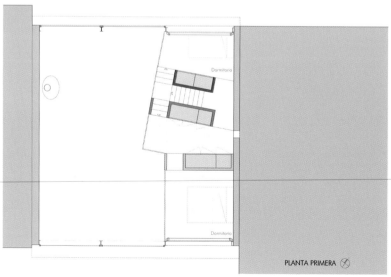

PLANTA PRIMERA

First floor

The shell prepared, three indispensable elements have been added to resolve the problem of storage. These areas, set on different levels, with wood veneer flooring in mixed shades, with the impression of a skyline in the form of an irregular ladder built into the remaining space, create a multitude of spaces and perspectives with shifting lines of vision and interconnecting routes, adding a wealth of space to the initial volume and clarifying the relationship between the apartment's various uses. Amid these supporting elements a lightweight floor structure creates a mezzanine type floor over the main area to accommodate a private bedroom and dressing room.

En el contenedor así preparado se insertan tres elementos exentos que resuelven las necesidades de almacenamiento. Estos, de alturas distintas y revestidos en linóleo de distintos tonos, introducen en el espacio existente un skyline de escala incierta y generan una multiplicidad de espacios, perspectivas, líneas de visión cambiantes y recorridos entre ellas, aportando riqueza espacial al rotundo volumen inicial y matizando las relaciones entre los diferentes usos de la vivienda. Entre estos elementos portantes se apoya un forjado ligero que genera una planta privada de dormitorio y vestidor, asomados al espacio principal.

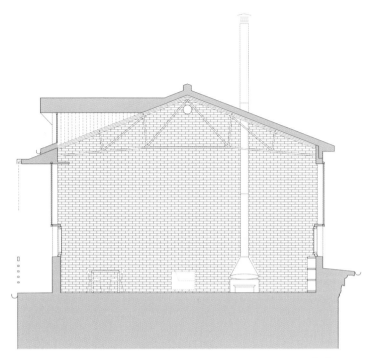

Section

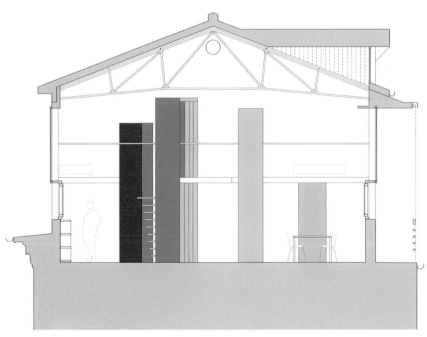

Section

ATTIC IN TRIBECA

Jeff Brock, Belén Moneo/Moneo Brock Studio
New York, NY, USA
© Michael Moran

1399 sq ft | 130 m²

The original 130 m² of this attic constituted a dark and dirty place, full of pipework and a ceiling that was too low. The new design directs the gaze over the structure of the dwelling, the beams, the columns and the skylight. Folding aluminium steps provide access to the terrace, from which spectacular views of the city can be enjoyed.

Los 130 m² originales de este ático se presentaban como un espacio oscuro, sucio, repleto de tuberías y con un techo demasiado bajo. El nuevo diseño dirige la mirada sobre la estructura de la vivienda, las vigas, las columnas y el tragaluz. La escalera plegable es de aluminio y da acceso a la terraza, desde la que se pueden disfrutar las espectaculares vistas de la ciudad.

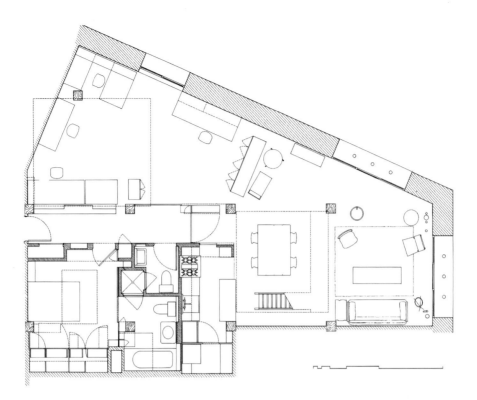

Floor plan

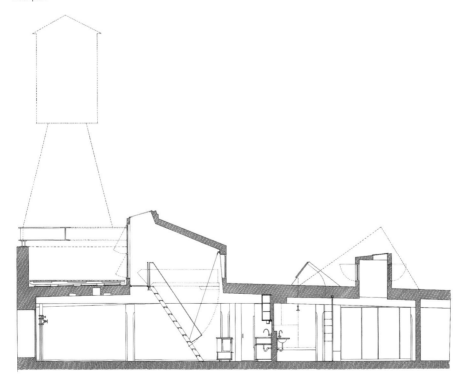

Section

GREENWICH VILLAGE PENTHOUSE

Andres Cova/SPG Architects
New York, NY, USA
© Daniel Levin

1205.6 sq ft | 112 m²

The renovation of this attic transformed an austere apartment into a welcoming 112 m² loft with two bedrooms, two bathrooms and a terrace. Each floor incorporates continuous visual lines that separate private and public areas with the help of translucent glass panels. The warm colours of the furniture contrast with the neutrality of the structural colours.

La renovación de este ático convierte un austero apartamento en un acogedor loft de 112 m² con dos habitaciones, dos baños y una terraza. Cada planta incorpora líneas visuales continuadas que separan, con la ayuda de paneles de cristal translúcido, las zonas privadas de las zonas públicas. Los tonos cálidos del mobiliario contrastan con la neutralidad tonal de la estructura.

APARTMENT CASTELLETTO

Factory3studio
Genoa, Italy
© Davide Arena

The refurbishment of this open-plan apartment is centred on a modern and very practical kitchen in which the dual-purpose central table/kitchen island plays the star role. The bedroom, decorated in light colours and framed in white, collects light that shines through the windows and bounces off the oak flooring.

La reforma de este apartamento con distribución en planta abierta se centra en una cocina moderna y muy racional en la que la mesa central, como una isla, toma total protagonismo y cumple con una doble función. El dormitorio, decorado en tonos claros y enmarcado en blanco, recoge la luz que atraviesa las ventanas de la terraza y rebota contra el suelo de madera de roble.

APARTMENT IN LISBON

HBG
Lisbon, Portugal
© Enrique Barros-Gomes/HBG

This old warehouse was converted into a block of loft apartments. Each apartment has its own character and style and they are separated from each other with bare cement walls. The features that have been added to this home organize the space and give it shape. For example, the staircase, shelving and fireplace add movement to the room without detracting from its practicality.

Este antiguo almacén fue transformado en un bloque de viviendas tipo *loft*. Cada apartamento conserva su propia personalidad y estética, y se separan unos de otros con paredes de cemento expuesto. Los diferentes elementos que se han añadido a esta vivienda ordenan el espacio y le dan forma. De este modo, la escalera, la estantería o la chimenea proporcionan dinamismo a la vivienda sin restarle practicidad.

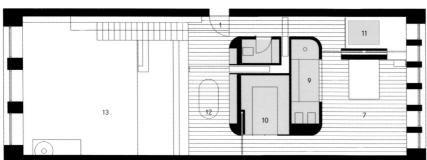

Second floor

1. Entry
2. Living
3. Eating area
4. Kitchen
5. Pantry
6. Laundry
7. Master suite
8. Suite
9. Bathroom
10. Closet
11. Sunken jacuzzi
12. Office
13. Void

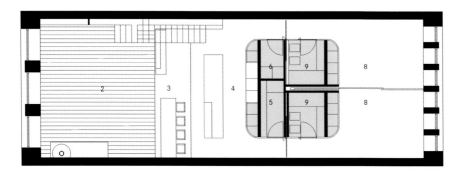

Ground floor

1. Entrada
2. Salón
3. Comedor
4. Cocina
5. Despensa
6. Lavandería
7. Suite principal
8. Suite
9. Baño
10. Armario
11. Jacuzzi hundido
12. Oficina
13. Vacío

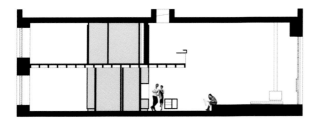

Section A-A

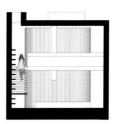

Section C-C

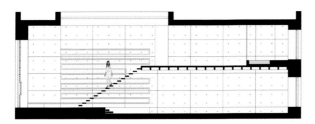

Section E-E

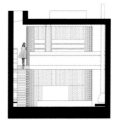

Section G-G

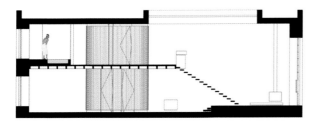

Section B-B

Section D-D

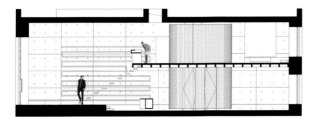

Section F-F

Section H-H

GRAND STREET

Labodesignstudio
New York, NY, USA
© Jean Bourbon

A formerly narrow and cramped interior was transformed into a light and airy environment. The monochrome palette of the materials preserves the industrial flavour of the old space. To optimise the appearance of the loft, blackened steel was used for the kitchen furniture, bookshelves and wardrobe as well as for the steel and glass door that separates the bedroom from the bathroom.

Lo que era un interior angosto y comprimido se transformó en un ambiente lleno de aire y de luz. La paleta monocromática de los materiales conserva el sabor industrial del antiguo espacio. Para maximizar el aire de *loft*, se empleó acero ennegrecido para los muebles de la cocina, la librería, el armario y la puerta de cristal y acero que separa el dormitorio del baño.

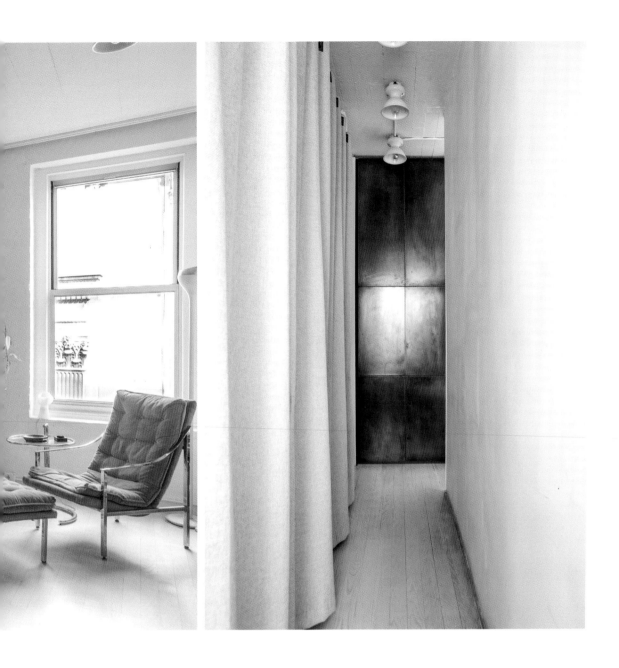

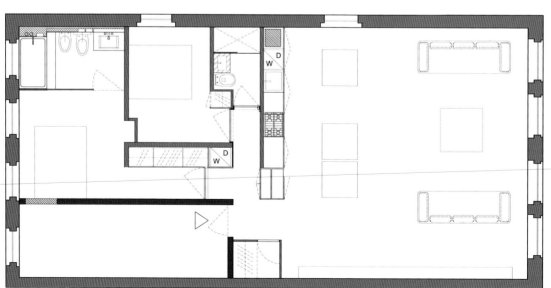

Floor plan

DWELLING FOR A SINGLE

esé studio
Athens, Greece
© Ionna Roufopoulou

This original loft was created in an abandoned warehouse. The client required a space in which to install a showroom for his architectural material, as well as two offices and an apartment. The concrete ceilings, unpainted wood and steel dividers give the dwelling an industrial feel, and the *shōji* sliding screens provide a Japanese touch.

Este original *loft* fue creado a partir de un almacén abandonado. El cliente requería un espacio en el que instalar una sala de exposición para su material arquitectónico, dos oficinas y un apartamento. Los techos de hormigón, la madera sin pintar y los separadores de acero dan un aire industrial a la vivienda, y las pantallas correderas *shōji* aportan la pincelada japonesa.

APARTMENT IN EAST SIDE

Labodesignstudio
New York, NY, USA
© Sergio Ghetti | SergioGhetti.com

This loft was created by the conversion of a former Jewish school into a detached home with an art gallery on the ground floor. A new volume was added to the rear of the building to extend the three existing floors. In this New York apartment, the intense colour of the furniture contrasts with the monochrome palette of the construction materials.

Este *loft* nació de la conversión de una antigua escuela judía en una vivienda unifamiliar con una galería de arte en la planta baja. Para ampliar los tres pisos existentes, se añadió un nuevo volumen en la parte posterior del edificio. En este apartamento neoyorquino, el color intenso de los muebles contrasta con la paleta monocromática de los materiales constructivos.